Djøf for børn
Styring og ledelse på dagtilbudsområdet

MICHAEL GRAVESEN

Djøf for børn

Styring og ledelse på dagtilbudsområdet

Forlag: BoD – Books on Demand, Hellerup, Danmark
Tryk: BoD – Books on Demand, Norderstedt, Tyskland
ISBN 978-87-4305-020-9

Indholdsfortegnelse

Kapitel 1 – Indledning

Forord

Kære læser

Dagtilbudsområdet har alt for længe været overset i den offentlige opmærksomhed. Dette på trods af tusindvis af forældre, som er optaget af de rammer og vilkår deres børn møder hver dag i det lokale dagtilbud. I den offentlige debat har der været en tendens til at mene, at så længe forældrene er tilfredse, og budgetterne holder stik, så er alt, som det skal være. Heldigvis ser vi nu en ændring i dette billede.

I dag står dagtilbudsområdet i centrum for en vigtig debat om kvalitet. Kvalitetsdagtilbud er nemlig af afgørende betydning for vores børns trivsel og udvikling. Det kalder på en fortsat politisk, faglig, ledelsesmæssig og offentlig opmærksomhed.

Jeg deler pointen i denne bog om, at vi kan styrke dagtilbudsområdet gennem blandt andet ledelsesmæssige prioriteringer samt effektive og gennemsigtige styringsredskaber. Som formand for FOLA (Forældrenes Landsorganisation) er det velkommen med perspektiver på en kombination af både pædagogfaglige og ledelsesfaglige discipliner for at sikre bedre kvalitet for både børn og forældre i dagtilbuddene. Det er for mig afgørende, at vi finder løsninger for at fastholde og forbedre kvaliteten i vores dagtilbud.

I denne bog deler Michael sine tanker og forslag på baggrund af hans ledelseserfaring indenfor børn og ungeområdet. Jeg håber, at du som læser vil finde inspiration til at deltage i debatten om vores allesammens dagtilbud - og vi sammen kan træffe beslutninger for at forbedre vores dagtilbud.

Signe Nielsen
Formand
FOLA – Forældrenes Landsorganisation

Indledning

Dagtilbudsområdet med dagplejere, vuggestuer og børnehaver har i mange år haft et såkaldt ”stille liv” uden væsentlig offentlig opmærksomhed. Jeg har som topchef på dagtilbudsområdet endda det indtryk, at når blot forældrene har været tilfredse og den faglige ledelse overholdte budgetrammen, så behøvedes ikke yderligere. Det er heldigvis under forandring. Bogen her er derfor skrevet til alle med interesse i debatten om udviklingen af et godt dagtilbud.

Ligesom mange andre, så har jeg budt en øget opmærksomhed på kvaliteten af dagtilbudsområdet velkommen. Dagtilbud af god kvalitet er nemlig afgørende for børns udvikling. Samtidig er vores økonomiske samfundsmodel indrettet med udearbejdende forældre og derfor er det afgørende, at vi også har en offentlig debat om netop kvalitet i dagtilbud. Samtidig anerkender jeg en række afledte dilemmaer i tilknytning til en offentlig opmærksomhed og debat om dagtilbudsområdets kompetencer og kapacitet. Eksempelvis risikoen for et fokus på kvantitet uden et nødvendigt blik for kvalitet. Blandt andet fordi det kan være vanskeligt at definere den pædagogiske kvalitet på en gennemsigtig måde. Derudover også en risiko for utilfredshed ved både forældre og personale parallelt med, at samfundet bruger flere penge end nogensinde før på dagtilbud.

Jeg ønsker at bidrage med konkrete forslag til, hvordan en tydelig ledelsesmæssig prioritering og styringsredskaber kan bidrage til den fagprofessionelle kvalitet i dagtilbuddet. Jeg har besluttet, at komme med nogle bud på at løsne op for presset på dagtilbuddet ved at kombinere forskellige faglige discipliner. Man kan kalde det en pædagogfaglig disciplin og klassisk ”DJØF disciplin”, som tilsammen skal skabe bedre kvalitet for forældre og børn i dagtilbuddene.

Det afgørende for børnene i den enkelte dagpleje, vuggestue og børnehave er den pædagogiske praksis hos personalet. Det er derfor essentielt med relevante kompetencer i samspil med en professionel anvendelse af den pædagogiske kapacitet – altså personaleressourcerne som udgør normeringen.

Jeg foreslår en prioriteret styring af både økonomien og personaleressourcerne inden for dagtilbudsområdet. Herunder hvordan ressourcestyringen på dagtilbudsområdet erfaringsmæssigt kan omsættes til praksis i kommuner og danne grundlag for den fagprofessionelle dømmekraft i hverdagen på dagtilbudsområdet. Bogen handler ikke om den pædagogfaglige praksis i hverdagen og bogen er heller ikke en-til-en udtryk for, hvordan styringen reelt fungerer i hverdagen på nuværende tidspunkt.

Jeg antager, at der ikke kommer flere penge til området og der vil fortsat være mangel på uddannede pædagoger de kommende år. Så hvordan gør vi, så vi fortsat opretholder god kvalitet i dagtilbuddene?

Det kommer der bud på her i bogen.

God læselyst.

Michael

Kapitel 2 – opsummering og anbefalinger

Der er generelt en bred anerkendelse af, at vilkårene for børns første 1000 dage har indflydelse på barnets fremtidige livsforløb. I forlængelse heraf er det min forventning, at forældrenes krav til de kommunale dagtilbud fortsat vil øges. Samtidig er det forventningen, at de kommunale dagtilbud skal levere høj pædagogisk og faglig kvalitet indenfor eksisterende eller reduceret ressourceramme.

Der gennemføres en omfattende frisættelse af de kommunale velfærdstilbud på blandt andet ældreområdet, folkeskoleområdet og dagtilbudsområdet. Eksempelvis fremgår det af Regeringsgrundlaget fra 2022, at "*Regeringen vil gennemføre den mest omfattende frisættelse af den offentlige sektor i velfærdssamfundets historie og grundlæggende forandre den måde, velfærden i dag styres, dokumenteres, kontrolleres og leveres på*" (Regeringsgrundlaget 2022). Det er min opfattelse, at denne frisættelse har karakter af New Public Management med centrale målsætninger for velfærdstilbuddene og samtidig decentrale handlerum til at realisere målsætningerne.

Parallelt med frisættelsen af de kommunale dagtilbud og øget handlerum i de enkelte børnehuse, så anbefaler jeg derfor:

- ændring af den kommunale fagforvaltning og stabsfunktion, så der kan leveres en differentieret understøttelse af ledere, medarbejdere og forældre i det enkelte børnehus. Ledelse og medarbejdere i børnehusene skal understøttes til at kunne gennemføre lokale prioriteringer.
- bedre økonomiunderstøttelse til dagtilbudslederen i det enkelte børnehus. Ledelsen i børnehusene skal administrativt understøttes, så den faglige ledelse har mulighed for at have fokus på den pædagogfaglige kvalitet og praksis.
- prioritering i hele ledelseskæden af ressourcestyring med professionaliseret arbejdsskema så der er gennemsigtighed i den

pædagogiske kapacitet. Det understøtter de faglige og ledelsesmæssige dispositioner.

Det er mit argument, at en relevant styring af dagtilbudsområdet forudsætter et overblik i Pladsanvisningen i forhold til indskrevne børn, ventelister, fødselsdata samt befolkningsprognoser. Det giver et grundlag for en stabil tilrettelæggelse af kapaciteten (personaler) på tværs af det samlede dagtilbud og i de enkelte børnehuse.

Økonomien for det enkelte børnehus og dagplejen reguleres oftest månedsvis på baggrund af det faktiske børnetal. Derfor anbefaler jeg en koordineret ressource- og økonomiunderstøttelse fra eksempelvis stabsfunktionerne til dagtilbudsledelsen. Ikke som en slags intern revisor. Det skal være praktisk og konkret økonomistyring til den lokale ledelse. En lokal ledelse som stadig har det ledelsesmæssig ansvar. Det forudsætter både kompetence og kapacitet i fagforvaltningerne og stabsfunktionerne til at frigøre de lokale faglige ledere fra regnearkene samt løn- og økonomisystemerne.

I forlængelse af frisættelsen anbefaler jeg en såkaldt "efterspørgselsorienteret" fagforvaltning. Forvaltningen har oftest en vigtig rolle og opgave i bindeleddet mellem demokratisk valgt politisk niveau og daglige drift. I et New Public Management og frisættelsesperspektiv skal der stilles ledelsesmæssige krav om kvalitet i den pædagogiske praksis samtidig med øget decentralt fagligt handlerum. Det vil betyde en mangfoldighed af lokale prioriteringer og tilgange. Fagforvaltningen skal derfor kunne understøtte en differentieret mangfoldighed af behov og efterspørgsler. Den forvaltningsmæssige understøttelse skal derfor eksempelvis være faglig sparring, ledelsesmæssig supervision, konkrete børnerelaterede aktiviteter, kompetenceudviklingsprogrammer, koordinering af interne og eksterne samarbejdsfora, ressourceallokering og så videre med henblik på at realisere de mange forskellige lokale prioriteringer for at kunne indfri den overordnede målsætning.

Kompetent ledelse har betydning for både fagprofessionelt personale og børnene i dagtilbuddene. I takt med øget frisættelse er det min pointe, at der skal være en opmærksomhed på behovet for en sammenhængende ledelse i hele den kommunale organisation med blik for ressourcebevidst drift og faglig kvalitet. Fra direktion, fagchefer og daglige ledere i de enkelte børnehuse.

Det er min vurdering, at en god ramme for, at de fagprofessionelle medarbejdere kan udøve den professionelle dømmekraft blandt andet er en effektiv tilrettelæggelse af arbejdsplanerne. Herunder anvendelse af data om børnenes fremmøde samt anvendelse af digitale arbejdsplanlægningssystemer med integration til øvrige fagsystemer og gennemsigtighed af timeforbrug hos både ledelse og medarbejdere.

Derudover er der behov for viden om, hvor mange personaletimer som reelt er til rådighed i institutionen til børneaktiviteter. Altså hvor mange medarbejdere som er ansat. Herunder fuldtids- og deltidsbeskæftigede, reduceret arbejdstid på grund af seniorordninger, overenskomstmæssige timereduktioner for eksempelvis tillidsrepræsentanter. Derudover kan der være reserverede timer til forberedelse og planlægning af pædagogiske aktiviteter, særligt prioriterede indsatser, børnesager og så videre.

I tilrettelæggelsen af en arbejdsplan for en daginstitution skal der være gennemsigtighed i forhold til, hvilke medarbejdere som er tilrådighed henover dagen og ugen. Med god og digital styring af arbejdstiden som grundlag for den pædagogiske tilrettelæggelse af hverdagen begrænses risikoen for over- eller undertid for medarbejderne. Så er der klarhed over det samlede antal pædagogiske timer i forhold til hvilke medarbejdere, som har nedsat tid, seniorordning, fleksordning, ferie, fri, afspadsering, uddannelse, møder og så videre.

Formålet med en tættere økonomiunderstøttelse, professionaliseret tilrettelæggelse af de pædagogiske personaleressourcer, øget ledelsesopfølgning samt "efterspørgselsorienteret" fagforvaltning er at forbedre de pædagogiske rammer for alle børn i de kommunale dagtilbud.

Der er en essentiel ledelsesopgave i understøttelsen af den pædagogfaglige kvalitet og kompetence som børnene i dagtilbuddene møder i hverdagen. Samtidig anbefaler jeg, at tilrettelæggelsen af en arbejdsplan omfatter både en arbejdskabale og at den udtrykker de ledelsesmæssige og faglige prioriteringer i det kontinuerlige arbejde med den pædagogiske praksis.

Kapitel 3 – rammerne for dagtilbud

Barnets første 1000 dage

"Barnets første 1000 dage" refererer til perioden fra undfangelsen til barnets andet leveår. Det er en afgørende periode for barnets helbred, vækst og udvikling, hvor hjernen gennemgår en hurtig udvikling, og barnet lærer at forstå og tilpasse sig sin omverden. Det er vigtigt at give barnet et sundt og stimulerende miljø for at understøtte en positiv udvikling. Med en tidlig sund livsstil, herunder kost og bevægelse, lægges også grundlaget for et godt fysisk og mentalt helbred senere i livet. Forældre, omsorgspersoner og samfundet har et ansvar for at sikre, at børn i denne aldersgruppe får den bedst mulige start på livet (WHO).

Det er min påstand, at blandt andre pædagoger i dagtilbuddet har en unik mulighed for at støtte børns sundhed og udvikling i denne vigtige periode. Både i de første 1000 dage og i de næste 1000 dage. Det er derfor vigtigt, at stille krav og følge op på det pædagogiske personales kompetencer i at støtte børns sundhed og udvikling i barnets første leveår samt at fremme en sund livsstil i dagtilbud. Herunder fremme samarbejdet med forældre om blandt andet sunde mad- og motionsvaner derhjemme og i dagtilbuddet.

Det er min oplevelse, at der er udarbejdet omfattende litteratur og forskningsmateriale, som understreger betydningen af hjernens udvikling, behovet for sund ernæring og fysisk aktivitet samt social og følelsesmæssig støtte i de første 1000 dage. Herunder sammenhængen mellem barnets første 1000 dage og fremtidige livsforløb. Med andre ord, så har de første 1000 dage væsentlig betydning for barnets samlede livsforløb. En sund udvikling i denne periode kan lægge fundamentet for barnets fremtid. Pædagoger og øvrigt pædagogisk personale i dagtilbud skal derfor spille en vigtig rolle i at støtte en sund udvikling i både de første 1000 og næste 1000 dage ved at tilbyde fysisk aktivitet og social og følelsesmæssig støtte. Derudover er det vigtigt at samarbejde med forældre og skabe en kultur i dagtilbuddene, der fremmer trivsel og udvikling for børn i deres første leveår.

Samfundsøkonomiske rammer

Ifølge fagbladet Momentum i 2023, så forventer danskerne de kommende år endnu bedre velfærd. Beregninger fra Momentum viser imidlertid, at selvom der måtte være finansiering til bedre velfærd, så vil der ikke være kapacitet (mennesker) til at varetage opgaveløsningen til den kommunale velfærd i 2030. Det betyder, at der dels er behov for forventningsafstemninger mellem politikere og borgere, dels behov for at tænke ledelse og styring endnu mere ind i velfærdstilbuddene (Momentum).

Der vil i de kommende år være flere ældre og flere små børn i Danmark. Såfremt det såkaldte demografiske træk skal følge samfundsudviklingen, så betyder det, at der i kommunerne er behov for cirka 24.000 ekstra medarbejdere i 2030. Alene på ældreområdet vil der være behov for 6000 flere medarbejdere og der vil være behov for yderligere 4000 flere medarbejdere i dagtilbuddene for at opretholde den medarbejder pr. bruger-ratio, som der er i dag. I praksis ser det imidlertid ud til, at der vil være færre medarbejdere i den offentlige velfærdssektor end i dag, når vi kommer frem til 2030 (momentum). Det er min erfaring, at kommunerne igennem mange år har professionaliseret og effektiviseret driften. Det er samtidig min vurdering, at en fortsat øget effektivisering ikke kan imødekomme det fulde fremtidige velfærdsbehov. Alligevel vil jeg i denne bog postulere, at der er et potentiale for fortsat ledelses- og styringsmæssig effektivisering og tilpasning med henblik på at opretholde en faglig pædagogisk praksis på dagtilbudsområdet.

Ifølge NB Økonomi, så er det statslige råderum udfordret. Det er forventningen, at kommunerne frem mod 2030 skal effektivisere og reducere serviceniveauet svarende til måske mellem 15 og 20 milliarder. På trods af politiske udmeldinger fra Christiansborg om kompensation for de demografiske udviklinger med flere ældre, handicappede og børn som skal sikres et velfærdstilbud, så skal kommunerne formodentligt selv finansiere en væsentlig del af de demografiske træk. Eksempelvis ved reduceret løn og prisreguleringer. Der skal blandt andet derfor sandsynligvis effektiviseres og reduceres på serviceniveauet for milliarder hvert år. Derudover er realiteten, at selvom der principielt skulle være fuld finansiering til kommunerne, så vil der i praksis være mindre personale til at varetage serviceopgaverne (Ullum), hvilket også fremgår af ovenstående oversigt på kommunernes behov for cirka 24.000 ekstra medarbejdere i 2030.

NB Økonomi anbefaler, at der både nationalt og lokalt er en politisk ærlighed overfor borgerne om potentielt mindre velfærd de kommende år. Derudover kalder udfordringerne på fortsat mindre bureaukrati samt fjernelse af minimumsstandarder (eksempelvis minimumsnormeringen), således der er lokalpolitisk fleksibilitet i tilpasningerne af den kommunale velfærd på tværs af ældre, fritid, kultur, børn, folkeskole, sundhed, handicappede og så videre. Samtidig forudsættes god politisk og administrativ ledelse i alle kommunerne. Det omfatter også en reformfokuseret politisk topledelse med langsigtede og prioriterede forandringsspor, som kan skabe det nødvendige økonomiske råderum. Et politisk fokus på de store strategiske linjer fremfor de små driftsopgaver. Samtidig skal der stilles krav til den øverste administrative ledelse, som skal have tilstrækkelig frie ledelsesrammer med krav om konkrete resultater (Ullum).

Såfremt det nuværende serviceniveau så vidt muligt skal opretholdes i fremtiden, så må det forudsætte en omstilling af den offentlige service af den relativt dyre arbejdskraft. I den offentlige debat om velfærden er der ofte en forestilling om en-til-en sammenhæng mellem antallet af medarbejdere og kvaliteten i den offentlige sektor. Det vil fremover ikke være realistiske med en sådan en-til-en forståelse i tilknytning til at fastholde serviceniveauet. Nye teknologier og alternative organiseringer skal ledsages af et lavere personaleforbrug. Der er imidlertid nogle særlige velfærdsområder, hvor borgerne ikke efterspørger bedre teknologi – men derimod et menneskeligt nærvær. Eksempelvis på dagtilbudsområdet. Det tænker jeg naturligvis vil udfordre ledelsesopgaven.

Ifølge professor Michael Svarre ved Aarhus Universitet, så er den danske økonomi forholdsvis stærk med en høj beskæftigelse, god konkurrenceevne og en sund offentlig økonomistyring. Den nationale økonomi er med andre ord forholdsvist godt rustet til at en eventuel kommende vækstpause. Det er imidlertid vigtigt, at gennemføre reformer der vedligeholder en sund økonomi og sikrer medarbejdere og kapacitet til den stigende efterspørgsel (Svarre).

Et af de politiske svar på en omstilling af den offentlige sektor er øget "frihed" eller "frisættelse". Professor Ulrik Kjær fra Syddansk Universitet har påpeget, at den "frisættelsesdagsorden", som er fremherskende i det aktuelle offentlige velfærdstilbud er i familie med New Public Management. Det skal forstås således, at New Public Management i den offentlige sektor er karakteriseret ved eksempelvis at lægge vægt på at bruge styringsredskaber hentet fra den private sektor, professionel ledelse –"let managers manage" samt ønske om at måle, hvad er kommer ud af den offentlige sektor fremfor procesmål (Kjær). Med andre ord må jeg forstå det således, at der vil være færre indholds- og procesmæssige politiske krav og et øget ledelsesmæssigt ansvar for at få tingene til at hænge sammen samt levere et højt serviceniveau og en positiv borgeroplevelse.

Styringsparadigmer

Der er en række forskellige styringsparadigmer, som organisationer kan anvende. Den konkrete anvendelse er principielt afhængig af organisationens mål, værdier og behov.

Helt overordnet er der et humanistiske styringsparadigme, det professionelle styringsparadigme, det bureaukratiske styringsparadigme og new public management paradigme (Lerborg).

Det humanistiske paradigme er mere relationsorienteret end regler, styring, struktur, system og incitamenter. Eksempelvis er Human Ressource vokset ud af det humanistiske paradigme med udviklingssamtaler, kompetenceudvikling, teambuilding og så videre (Lerborg). De menneskelige relationer er en del af organisationens effektivitet ved at fokusere på eksempelvis medarbejdertrivsel og motivation. Dette styringsparadigme handler især om ledelse og betragter medarbejderne som organisationens vigtigste ressource.

Det bureaukratiske styringsparadigme er karakteriseret ved regler, hierarkier, tydelig rolle og opgavefordeling, neutralitet, dokumentation samt ligebehandling. Dette paradigme er på mange måder grundlæggende for den moderne offentlige sektor (Lerborg). Eksempelvis er det opfattelsen, at dette paradigme sikrer gennemsigtighed og lighed for borgerne i sagsbehandlingen og adgangen til den offentlige velfærd. I et bureaukratisk perspektiv er organisationer struktureret hierarkisk med tydeligt defineret rolle og ansvar. Der er samtidig en effektivitet og ensartethed i organisationens arbejde ved brug af genkendelig standardisering af procedurer og regler. Det er min erfaring, at der blandt fagprofessionelle (skolelærere, pædagoger, socialrådgivere) ofte vil være en efterspørgsel på nogle fælles rammer fra det bureaukratiske styringsparadigme i forhold til at udøve den faglige opgaveløsning.

Det professionelle paradigme er særlig udbredt ved fagprofessionelle som ikke primært varetager administrative opgaver. Det er eksempelvis fagprofessionelle som læger, forskere, pædagoger, skolelærer med flere. Guidelinen i dette paradigme er det fagligt motiverende og den enkeltes oplevelse af, hvad der fagligt virker (Lerborg). Det vil sige, at dette styringsparadigme har en væsentlig autonomi – særligt fra det bureaukratiske paradigme (Lerborg). Dette paradigme har i store træk karakteriseret den offentlige sektor på institutionsniveau. Det vil sige på den enkelte folkeskole og børnehave.

New Public Management (NPM) paradigmet blev introduceret i den offentlige sektor i 1980èrne med henblik på, at få kontrol over de stigende offentlige udgifter (Lerborg). Der er forskellige varianter af New Public Management. Herunder både forventning om øget decentral beslutningskompetence og forventning om øget effektivisering til gavn for borgerne. Eksempelvis med styrende incitamenter (Lerborg).

Ovenstående 4 styringsparadigmer er blot et udsnit af en omfattende variation af styringsparadigmer. De fleste organisationer anvender et mix af forskellige paradigmer afhængigt af organisationens formål, behov og situation. Det kan imidlertid være en vanskelig opgave at finde den rette balance i enhver organisations brug af forskellige styringsparadigmer.

Som det fremgår af forrige afsnit, så er den nuværende tendens i den offentlige sektor med frisættelse og decentralisering tæt forbundet med New Public Management. Det omfatter også den politiske agenda med frisættelse af kommunale dagtilbud. Jeg mener, at der i tilknytning til "frisættelsesdagsordenen" samtidig er en forventning om mere plads til det professionelle styringsparadigme, hvor den enkelte dagtilbudspædagog har en større autonomi med henblik på mere kvalitet i dagtilbuddene. Jeg har imidlertid den påstand, at en øget frisættelse skal kombineres med en tydelig og rammesættende ledelse, så hver enkelt pædagog ikke helt løsrevet selv sætter standarden for kvaliteten af den pædagogiske praksis for børnene.

Der kan nemlig være et paradoks mellem forældre og beslutningstageres forventning om mere gennemsigtighed i forhold til kvaliteten i den pædagogiske praksis og samtidig en større autonomi til de enkelte medarbejdere til at fortolke og realisere kvaliteten. Derfor vil der fremadrettet være behov for en gennemsigtighed i tilrettelæggelsen af de kommunale dagtilbud – og hvor de forskellige styringsparadigmer supplerer hinanden. Eksempelvis vil der være behov for gennemsigtige og legitime procedure og regler i tilknytning til det bureaukratiske paradigme, behov for stærke organisatoriske relationer til evaluering af pædagogisk kvalitet og faglig ledelse i tilknytning til det humanistiske paradigme, behov for kvalitetsindikatorer og fælles mål for det enkelte dagtilbud i tilknytning til NPM samt rammer til professionel dømmekraft for medarbejdere og ledere i det professionelle paradigme.

Det er min opfattelse at der med ”frisættelsen” er en antagelse om, at en øget decentralisering vil fremme det professionelle paradigme og dermed den pædagogiske kvalitet til gavn for børn og forældre. Den overordnede styringsramme i den offentlige sektor er primært New Public Management med færre procedure og regler til fordel for fokus på effekten. Jeg vil i denne bog argumentere for, at både et professionelt paradigme og New Public Management forudsætter en kompetent og tydelig ledelse samt nogle strukturer og systemer, som sikrer forældre og børn rettigheder og forudsigelighed. Eksempelvis tydelige forventninger til medarbejdere igennem hele ledelseskæden indenfor nogle faste strukturer. Samtidig giver det anledning til at vende det klassiske forvaltningssystem fra en ”udbudsorienteret” tilgang til decentrale ledere/medarbejdere til en mere ”efterspørgselsorienteret” tilgang med henblik på at imødekomme decentrale lederes/medarbejderes behov for at indfri de målsætninger, der er opstillet til kvaliteten af dagtilbuddet.

Kapitel 4 – forældrenes forventninger

Forventningsafstemning af velfærdstilbud

Det er min bekymring, at forældres tillid til dagtilbuddene er udfordret og det skaber polarisering, modborgerskab og potentiel konflikt. Debatten deler sig blandt andet mellem tilhængere af eksempelvis bedre ledelse og kvalitet eller flere penge og bedre normeringer. Konsekvensen er, at en polariseret debat reproducerer 'de døves dialog'.

Helt generelt tænker jeg, at der potentielt er en tiltagende diskrepans mellem borgernes forventninger til velfærdstilbuddene og de faktiske tilbud. Hvis borgerne har urealistiske forventninger, så vil der potentielt være en konflikt uanset hvor gode de faktiske tilbud er.

Borgernes forventninger til velfærdstilbuddene

Der har igennem flere år været en tiltagende diskrepans mellem danskernes forventninger til velfærd og den offentlige sektors muligheder for at levere den forventede service. Denne kløft blev påpeget allerede i 2010 på baggrund af grundige undersøgelser. Den stadig større afstand mellem borgernes forventninger og velfærdssamfundets reelle handlemuligheder kalder derfor på et behov for at nytænke velfærden helt ind i kernen af velfærden. Eksempelvis ved at borgerne i øget omfang påtager sig et ansvar for at løse egne problemer. Blandt andet på grund af stigende krav og færre offentlige ressourcer tilbage i 2010 (Andersen).

Ugebrevet Mandag Morgen bad i 2010 Velfærdspanelet([1]) pege på de største udfordringer for velfærdssamfundet med henblik på, at imødekomme denne diskrepans mellem borger og de offentlige medarbejdere. I den forbindelse pegede Velfærdspanelet blandt andet på differentieret velfærd, bedre forventningsafstemning, øget prisbevidsthed hos borgerne, flere frivillige, aktiv borgerinddragelse med videre (Andersen). Det er min opfattelse, at der fortsat er lang vej til eksempelvis reel forventningsafstemning på velfærdsområderne samt øget prisbevidsthed hos borgerne.

Den umulige kabale

Tilsvarende diskrepans gør sig gældende i en KL undersøgelse fra 2022, hvor det fremgår, at 77 % af danskerne som minimum forventer den samme velfærd som i dag, og 40 procent endog forventer en forbedring i de kommende år. Samtidig konstateres i Kommunernes Landsforening (KL), at der er et stort antal stigende ældre, der er stigende udgifter til det specialiserede socialområde og i hele den offentlige sektor kan der potentielt mangle arbejdskraft. Med andre ord, så er der fortsat en afgrundsdyb kløft mellem borgernes forventninger til den offentlige velfærd og de reelle handlemuligheder (Baes-Jørgensen).

Pædagogisk grundfaglighed

Det er min oplevelse, at det kan være vanskeligt at sætte den pædagogiske kvalitet på en formel og på en nem måde definere den gode pædagogiske praksis. Der er derfor heller ikke en ledelsesmæssig

1 *Velfærdspanelet i 2010 bestod af cirka 3.100 nøglepersoner i den offentlige sektor og det offentliges grænseflade. Eksempelvis skoleledere, institutionsledere, plejehjemsledere, afdelingsledere, kontorchefer og kommunaldirektører. Derudover faglige og frivillige organisationer samt private virksomheder.*

tjekliste eller en håndbog til forældrene, som gør det muligt entydigt at vurdere og bedømme udøvelsen af den pædagogiske praksis hos det fagprofessionelle personale.

Med udgangspunkt i studieordning i 2022 for uddannelsen til Professionsbachelor som pædagog ved professionshøjskolen Absalon, så handler grundfagligheden blandt andet om at

- Man som pædagog med udgangspunkt i børn, unge og voksnes forudsætninger og perspektiver kan etablere, vurdere og evaluere pædagogiske miljøer og aktiviteter, der understøtter børn, unge og voksnes udvikling, samt i relation til dette redegøre for faglige vurderinger og valg.
- Man som pædagog kan igangsætte pædagogiske tiltag, som fremmer forskellige målgruppers udvikling og læring. Det vil sige, at man som pædagog kan tilrettelægge, gennemføre og evaluere pædagogiske indsatser og aktiviteter.
- Man som pædagog kan tilegne sig pædagogiske teorier og undersøgelsesmetoder, som man fagligt reflekterer over, argumenterer for og anvender, når man som pædagog igangsætter pædagogiske tiltag.
- Man som pædagog selvstændigt kan finde relevant viden, som inddrages i de faglige argumentationer.

(Professionshøjskolen Absalon)

Den pædagogiske grundfaglighed er som udgangspunkt uafhængig af ledelse, ressourcer og normering. Spørgsmålet er imidlertid hvilke fælles rammer den enkelte pædagog har til rådighed – og hvordan den enkelte pædagog evner at udfolde sin faglighed. Der kan således være udmærket kvalitet i den konkrete pædagogiske indsats – og alligevel en oplevelse af utilstrækkelig pædagogisk kvalitet hos forældre, personale og i den offentlige debat. Omvendt kan der potentielt også være utilstrækkelig faglig/pædagogisk kvalitet og samtidig høj forældre- og medarbejdertilfredshed. Jeg ønsker derfor at fremme en kultur indenfor dagtilbudsområdet, hvor den faglige ledelse blander sig i den pædagogiske praksis og hvor det er legitimt at give kollegial feedback. På samme måde som man kender det fra eksempelvis sportens verden, hvor man udmærket kan give konstruktiv feedback til hinanden på hvad der fungerer og ikke fungerer så godt.

Kapitel 5 – Frihed, ledelse og styring

Det er min vurdering, at kommunernes klassiske organisering og tilgang potentielt skaber en afkoblet praksis og en unødvendig skarp skillelinje mellem Rådhusene og de enkelte børnehuse. Jeg er samtidig bekymret for, at denne afkobling potentielt udvides med en øget frihedsdagsorden. Med mindre vi gør noget andet – og det er også formålet med denne bog.

Styringsparadigme på Rådhuset

Jeg mener, at der i den offentlige debat kan være en oplevelse af, at de kommunale Rådhuse primært består af DJØFére. Det er næppe et helt sandfærdigt billede af de kommunale Rådhuse, som omfatter ganske mange fagligheder. Til gengæld kan begrebet "djøficering" ofte betegne styringsparadigmet på Rådhuset.

DJØF er i virkeligheden en betegnelse for en dansk fagforening for blandt andre jurister, økonomer og mange øvrige samfundsvidenskabelige akademikere. DJØF'er er både blevet et skældsord og et begreb. Djøficering associerer ofte til bureaukrater på eksempelvis Rådhuset der bestemmer over professionsuddannede med dokumentationskrav, effektiviseringskrav, styringskrav og så videre. Selvom enhver privat og offentlig organisation naturligvis forventes at have et minimum af dokumentationskrav, effektiviseringskrav og styringskrav proportionalt med organisationens størrelse og kompleksitet, så er djøficeringen alligevel et skældsord. Det er min opfattelse, at der i offentligheden endda ofte er lighed mellem djøficering og færre timer til borgernær velfærd.

Jeg oplever, at blandt andre politikere, journalister og faglige organisationer ofte har den ene historie efter den anden om, hvordan pædagoger, folkeskolelærere, socialrådgivere, sygeplejersker, læger, politibetjente med flere ikke har tid til at varetage deres fagprofession fordi de bruger tiden på dokumentation og skemaer. Dette uagtet, at de fleste borgere og beslutningstagere næppe vil undvære et minimum af dokumentation. Eksempelvis en patientjournal eller sagsbeskrivelse.

Ledelse i børnehuset

Jeg tænker, at man gerne skal kende det fagområde som man leder. Vel vidende, at behovet for fagligt kendskab varierer alt efter den konkrete ledelsesposition og -opgave, så er mit normative udgangspunkt et ledelsesmæssigt kendskab til fagområdet. Dette kendskab behøver ikke være på baggrund af primus inter pares – altså den fremmeste blandt ligemænd. Med andre ord behøver det ikke være en pædagog, som leder andre pædagoger på dagtilbudsområdet. Der er helt naturligt en øget forventning om en professionaliseret ledelse på alle niveauer, som rummer både faglig indsigt, administrative kompetencer og mestring af sin ledelsesmetier. Det kan udmærket være en pædagog som tilegner sig viden om administration og ledelse – eller det kan være en anden faggrupper som tilegner sig viden om det pædagogiske felt sammen med de øvrige ledelsesforudsætninger.

Jeg mener, at ledelsesopgaven i institutionen har betydning for den pædagogiske kvalitet. I den forbindelse er det også relevant at forholde sig til ledelsesspændet for de daglige ledere i dagtilbuddene. På den ene side kan der argumenteres for, at et stort ledelsesspænd med mange medarbejdere betyder øget normering og derfor også en bedre mulighed for fagprofessionel sparring og bedre opgaveløsning. Det er ud fra en betragtning om, at bedre normering bidrager til den faglige kvalitet (Det Nationale Institut for Kommunernes og Regionernes Analyse og Forskning).

På den anden side kan der argumenteres for, at et for stort ledelsesspænd i den enkelte daginstitution kan have en negativ påvirkning af den pædagogiske kvalitet. Flere undersøgelser fremhæver netop ledelsens betydning for at udvikle den faglige kvalitet blandt medarbejderne. I den sammenhæng kan et stort ledelsesspænd betyde mindre faglig sparring og mere administration til institutionsledelsen, som begrænser ledelsens mulighed for at være tæt på praksis (Det Nationale Institut for Kommunernes og Regionernes Analyse og Forskning).

Ifølge rapport fra Det Nationale Institut for Kommunernes og Regionernes Analyse og Forskning fra 2015, så fremgår det af flere undersøgelser, at pædagogernes professionelle kompetencer, som er væsentlige for børnenes udvikling, kan komme under pres når der opstår formaliserede styresystemer omkring den faglige kvalitet. Netop formaliserede styresystemer bliver ofte en ledelsesmæssig nødvendighed når ledelsesspændet bliver for stort (Det Nationale Institut for Kommunernes og Regionernes Analyse og Forskning).

I rapporten " Ledelsesspænd på daginstitutionsområdet" fra 2015 ved Det Nationale Institut for Kommunernes og Regionernes Analyse og Forskning fremgår det, at institutionsledere generelt oplever en hverdag med koordination, sparring, administrative opgaver, vikardækning, pedelopgaver, personaleopgave, netværksmøder, forældrehenvendelser og alle mulige her og nu opgaver. Det betyder også en hverdag med mange afbrydelser og vanskelige betingelser for koncentreret planlægning og tæt faglig sparring. Derudover har mange institutionsledere i mindre institutioner også såkaldt "børnetid" i børnegrupper eller ved åbne/lukke situationer (Det Nationale Institut for Kommunernes og Regionernes Analyse og Forskning).

Personaleledelse

Personaleledelse fylder forholdsvist meget for institutionsledere på dagtilbudsområdet. Institutionslederne oplever imidlertid at det ofte er akut personaleledelse fremfor planlagt og faglig personaleledelse.

Netop den planlagte og faglige personaleledelse efterspørges ved både personale og lederne. Studier af institutionsledere viser, at særligt arbejdsskemaer og daglige ændringer i arbejdsskemaer er en meget stor opgave i den daglige ledelsesopgave (Det Nationale Institut for Kommunernes og Regionernes Analyse og Forskning).

Administrativ ledelse

Den administrative ledelsesopgave fylder alt for meget for institutionslederne på dagtilbudsområdet ifølge rapporten "Ledelsesspænd på daginstitutionsområdet" fra 2015 ved Det Nationale Institut for Kommunernes og Regionernes Analyse og Forskning. Det drejer sig særligt om økonomiopgaver. Herunder også administrative opgaver i tilknytning til faktura, følgesedler og så videre – og altså ikke kun overordnet økonomistyring eller overblik på børnetallet i institutionen (Det Nationale Institut for Kommunernes og Regionernes Analyse og Forskning).

Det fremgår også af samme rapport, at institutionsledere oplever, at forvaltningerne uddelegerer administrative opgaver til decentrale institutionsledere (Det Nationale Institut for Kommunernes og Regionernes Analyse og Forskning). Denne bog er et forslag til, hvordan denne udvikling ændres, så den decentrale ledelse har mulighed for at udøve faglig ledelse.

Professionel ledelse

Ifølge ledelseskommissionens rapport fra 2008, så handler ledelse blandt andet om, at sætte retning og skabe resultater via og sammen med andre (Ledelseskommissionens rapport). Det fremgår samtidigt, at den offentlige sektor igennem de seneste 40 år har været igennem en udvikling med en langt bedre og professionaliseret økonomistyring og ledelse med henblik på at levere offentlig service. Der er derfor også en offentlig, politisk og ledelsesmæssig opmærksomhed på en ansvarlig ressourceanvendelse. Eksempelvis så er risikoen så lille som muligt i forhold til at økonomien "løber løbsk" ved blandt andet en mere aktiv ledelse baseret på data om, hvilken borgernær velfærdsværdi som kommer ud af ressourcerne (Ledelseskommissionens rapport). Samtidig giver det mulighed for en mindre detaljeret styring af processer og aktiviteter ved et større fagligt råderum til fagprofessionelle (Ledelseskommissionens rapport). Med andre ord; *"Offentlige ledere skal sikre, at det danske samfund får maksimal effekt af de mange ressourcer, der bliver brugt på den offentlige sektor"* (Ledelseskommissionens rapport).

Supplerende kompetencer

Der er en skillelinje mellem generalistleder og fagprofessionelle ledere. Generalistledere er oftest med videregående uddannelse og fagprofessionelle ledere er oftest uddannet indenfor deres fagprofession. Derudover er der såkaldte hybridledelse, som typisk er en professionsuddannet i kombination med ledelsesmæssig efteruddannelse. Lidt karikeret er den fagprofessionelle ledelse ofte karakteriseret ved faglig viden og faglig legitimitet. Den generalistorienterede ledelse er ofte karakteriseret af politisk og systemisk forståelse indenfor et hierarki. Hybridledere kan som udgangspunkt fungere i både det fagprofessionelle paradigme og systemiske paradigme. I interviewundersøgelse er der forholdsvis enighed blandt institutionsledere om, at kompetencer indenfor begge paradigmer er vigtige (Det Nationale Institut for Kommunernes og Regionernes Analyse og Forskning).

Kapitel 6 – ressourcestyring et fælles anliggende

Ressourcestyring

Det er min erfaring, at den største udgift på velfærdsområderne er løn til fagprofessionelle velfærdsmedarbejdere. Derfor mener jeg også, at det er afgørende med en professionel ledelses- og styringsmæssig tilrettelæggelse og disponering af de fagprofessionelles kompetencer og kapacitet.

Det er min vurdering, at der er mange interessante og relevante perspektiver i udfoldelsen af en kombineret "DJØF struktur" og pædagog faglighed i videreudviklingen af kvalitet i de kommunale dagtilbud. Jeg mener, at kvalitetsudviklingen i samspil med normeringsudviklingen kalder på en fælles anerkendelse (politikere, BUPL, ledere) af eksempelvis Parkinsons lov. Det betyder, at arbejdet potentielt udvider sig i takt med udvidelsen af tiden/ressourcerne. Hvis du har 3 timer til en opgave og du får 5 timer, så risikerer samme opgave at tage 5 timer. Derfor mener jeg, at det er afgørende, at der med en "DJØF struktur" i arbejdets planlægning sikres, at der faktisk kommer flere pædagogiske opgaveløsninger i takt med normeringsudvidelsen. I forhold til rekrutteringen af flere pædagoger, så kan en hensigtsmæssig og gennemsigtig tilrettelæggelse af arbejdstiden muligvis endda også understøtte muligheden for, at flere pædagoger og øvrigt pædagogisk personale har lyst til, at komme på fuld tid. Eksempelvis ved årsnorm i sammenhæng med digitalt tilrettelæggelsesredskab og med integration til digitale "komme-gå" skærme. Det giver ledelsesdata om balancen mellem ressource og opgave – og mulighed for faglige og ledelsesmæssige dispositioner i arbejdsskemaet for personalet og aktiviteterne i børnehuset. Jeg mener med andre ord, at en såkaldt "DJØF struktur" understøtter en ramme for, at den pædagogiske faglighed kan udfolde sig allerbedst til gavn for børnenes trivsel og udvikling.

Kvalitet og kvantitet

En professionel styring af ressourcerne mener jeg giver et fornuftigt udgangspunkt for kvalitetsudviklingen. En optimal anvendelse af arbejdstiden (kapacitet) for personalet med samvær og aktiviteter for børnene er imidlertid isoleret set ikke dækkende for en god kvalitet i dagtilbuddet.

Danmarks Evalueringsinstitut har udarbejdet en model for kvalitetsudvikling i dagtilbud. Det er struktur, proces og resultat (Danmarks Evalueringsinstitut)

Strukturen er eksempelvis normeringen, økonomien, uddannelsesniveau og de fysiske rammer. Dette kan understøttes med politiske fastsatte rammer samt en djøficeret optimal anvendelse af ressourcerne.

Processen er eksempelvis den pædagogiske praksis samt relationen mellem børn og voksne i læringsmiljøet. Dette understøttes af den professionelle dømmekraft, faglighed og ansvarlighed gennem faglig ledelse.

Resultatet er det som børnene får ud af at gå i dagtilbud. Det omfatter både her og nu effekten samt den langsigtede effekt ved trivsel, læring og udvikling. Det vil sige de kognitive, sociale og motoriske kompetencer barnet får igennem dagtilbuddet. Eksempelvis sprogfærdigheder. Man kan anlægge det synspunkt, at den strukturelle kvalitet og proceskvaliteten kan måles i resultatkvaliteten (Danmarks Evalueringsinstitut). Spørgsmålet er imidlertid, hvordan resultatkvaliteten hensigtsmæssigt og meningsfyldt måles.

Relevant og systematisk data er grundlaget for meningsfyldt dialog om drift og resultater til gavn for børnene (Ledelseskommissionens rapport). Data kan være feedback fra forældrene, sprogvurderinger, trivselsmålinger, observationer, tilsyn og så videre.

Der mangler imidlertid ofte tradition for systematisk brug af data som en almindelig del af værdiskabelsen for borgerne. Derfor er det vigtigt, at ledelsen er rollemodeller i anvendelse af data på en meningsfyldt måde. Det forudsætter også en lokal datainformation som meningsfyldt kan anvendes i driften for bedre resultater. Faglige ledere og fagprofessionelle skal bruge kvalitative og kvantitative data til at indfri de politiske mål. I folkeskolen handler det eksempelvis om elevernes individuelle læring og i dagtilbuddet kan det handle om sproglig udvikling (Ledelseskommissionens rapport).

På dagtilbudsområdet er det de senere år lykkes at udvikle fagligheden ved at udvikle forståelsen af kerneopgaven og styrke den systematik og metode, der ligger til grund for arbejdet. En afdækning af dagtilbudsområdet fra Danmarks Evalueringsinstitut viser dog, at der fortsat er vanskeligheder med at opbygge datakompetencer – også selvom det går fremad med interessen og erkendelsen af en mere systematisk og datainformeret ledelse og faglighed (Ledelseskommissionens rapport).

Tilrettelæggelse

Børnene opholder sig for størstedelens vedkommende i kommunale dagtilbud. Derfor mener jeg, at det er relevant med en opmærksomhed på hverdagen og de faktorer, den enkelte kommune selv kan påvirke i form af en styrket ledelses- og styringsmæssig tilrettelæggelse og disponering af de fagprofessionelles kompetencer og kapacitet. Herunder digitalisering og udvidelse af arbejdsplanlægningen. Eksempelvis anvendelse af årsnorm i sammenhæng med digitalt tilrettelæggelsesredskab som IST Dagtilbud, Infoba, ÅrsNorm eller lignende – og med integration til digitale ”komme-gå” skærme.

Det giver ledelsesdata om den samlede arbejdsressource (personalet arbejdstid) og den samlede opgaveløsning (børnefremmøde), hvilket jeg mener skal være grundlaget for de faglige og ledelsesmæssige dispositioner i udarbejdelsen af personalet arbejdsskema samt planlægningen af pædagogiske aktiviteter. Derved frigøres tid til, at den pædagogiske faglighed kan udfolde sig allerbedst til gavn for børnene trivsel og udvikling og en gennemsigtighed for personale og forældre.

Topledelsen prioritering

Jeg anbefaler, at det er en prioritering hos den øverste ledelse på børn og ungeområdet, at den daglige ledelse i det enkelte dagtilbud har mulighed for, at tilrettelægge arbejdsskema i et elektronisk system. Der skal være integration til blandt andet lønsystemet og dermed en-til-en sammenhæng mellem medarbejdernes arbejdstid og løn. Det giver medarbejdere og ledelse et fælles overblik på arbejdstiden. På trods af en progressiv digitalisering i Danmark, så kan der fortsat være udfordringer med data integration mellem eksempelvis et arbejdsplanssystem og lønsystem med forskellige leverandører.

Samtidig mener jeg, at hvis der fra topledelsen stilles forventning om anvendelse af digitale løsninger i tilrettelæggelsen af arbejdstiden for det pædagogiske personale, så må der også være forvaltningsmæssige kompetence og kapacitet til at understøtte den decentrale ledelse. Eksempelvis med både oplæring og praktisk sparring i tilrettelæggelsen af arbejdsplaner. Samtidig er der oftest også behov for forvaltningsmæssige kompetence og kapacitet til et fortløbende samarbejde med IT system leverandører. Blandt andet i forhold til videreudvikling af systemerne, data integration mellem fagsystemer, pris, alternative systemmuligheder med videre.

Bedste holdopstilling i hvert enkelt børnehus

I forhold til de strukturelle rammer for den pædagogiske praksis, så er der en særlig ledelsesmæssig opgave i at sætte holdet af medarbejdere med bedst mulige holdopstilling henover dagen og henover ugen. Endda henover året. Det er en forsimplet guideline på overordnet niveau, at tage antal årsværk og dividere med antal børn. Der skal tages højde for åbningstider samt eventuelle medarbejdere med reduceret timetal. Eksempelvis arbejdstimer som anvendes til tillidsrepræsentanter, kursusdage, forberedelse og så videre. Tilrettelæggelsen er naturligvis et puslespil som skal gå op i forhold til åbningstiderne og medarbejdernes ønsker. Samtidig mener jeg, at det er en ledelsesmæssige forpligtigelse, at tilrettelæggelsen først og fremmest er udtryk for en ledelsesmæssig og faglig prioritering og disposition. Eksempelvis om der er særlige pædagogiske aktiviteter eller faglige ambitioner, som fremgår af prioriteringerne af personaleressourcerne. Såfremt det i dialogen mellem den daglige ledelse og forældrebestyrelsen i dagtilbuddet er aftalt, at morgen- og formiddagstimerne er særligt vigtige, så skal dagene tilrettelægges så der indenfor budgetrammen er prioriteret personale til disse timer. Alternativt at prioriteringen er midt på dagen, hvor der oftest er flest børn og der eksempelvis er forventninger om udeaktiviteter med særlige leg- og læringstiltag.

Udover en arbejdsplan i hvert enkelt dagtilbud med gennemsigtighed for ledelse og medarbejdere af arbejdstiden, så tænker jeg, at en digital arbejdsplanlægning også giver mulighed for gennemsigtighed for forældrene i forhold til hvilke medarbejdere som er tilstede og tilgængelige. Som pædagogisk personale er man ikke nødvendigvis tilgængelig for børn og forældre selvom man er på arbejde, hvis der i arbejdsplanen er afsat tid til forberedelse, børnesager eller lignende.

Kultur vs. strategi

Jeg tænker, at god planlægning kan være nyttig i forhold til at opnå børnehusets eller dagtilbudsområdet mål mere effektivt fordi en planlægning giver en ramme for handling og sikrer, at ressourcerne anvendes på en optimal måde. Det skal dog bemærkes, at arbejdsskemaer i et børnehus erfaringsmæssigt skal ændres dagligt/ugentligt og tilpasses på grund af blandt andet sygdom og uforudsete situationer. Tilsvarende må det forventes, at pædagogiske aktiviteter kontinuerligt ændres og tilpasses de faktiske forhold i dagtilbuddet. Eksempelvis vejr, personale- og børnefremmøde, uforudsete situationer og så videre. Den daglige ledelse bruger ofte ganske meget tid på at forberede en plan – og så tilpasse planen med vikardækning. Samtidig vil en på papiret god arbejdsplan ikke være meget værd uden et pædagogisk personale som er både kompetent og kollegialt ansvarlige. Der kan i hverdagen opstå situationer, hvor der potentielt kan være 2 børn og 2 voksne på én stue og 12 børn og 1 voksen på en anden stue. Her må den sunde fornuftig og den kollegiale ansvarlighed træde i kraft, så personalet i fællesskab skaber fornuftige pædagogiske rammer for alle børn på tværs af stuerne. Det kalder erfaringsmæssigt på en tydelig ledelse som fremmer sådanne organisatoriske og kollegiale værdier.

Pointen er at alverdens professionelle strukturer med systemer, faglige dispositioner, dialogorienterede målsætninger med videre ikke kan kompensere for de kollegiale og organisatoriske værdier som kitter dagen sammen for både børn og voksne i hver enkelt dagtilbud.

Forvaltningens "black box"

På forvaltningsniveau mener jeg, at en professionalisering og digitalisering af den pædagogiske tilrettelæggelse vil have betydning for muligheden for at trække relevante data om effektiviteten af personaleressourcer i forhold til børnefremmødet. Eksempelvis ved at sammenholde data fra "komme-gå" data i tilknytning til børnefremmødet og data fra personaletimer. Både i hver enkelt dagtilbud og på kommuneniveau.

Jeg gør samtidig opmærksom på, at den daglige drift kan være en "black box" for den kommunale fagchef for dagtilbudsområdet samt direktionen. Naturligvis har topledelsen en bred portefølje af strategiske, politiske og økonomiske hensyn. Hvert ledelsesniveau har forskellige roller – og forudsætningerne for topledelsens medvirken i den faglige udvikling af et fagområde afhænger af mange forskellige forhold. Eksempelvis faglige og ledelsesmæssige kompetencer, organisatorisk kapacitet samt politiske prioriteringer. Herunder den kommunale organisering af direktion og fagchefer, hvor der nogle steder er velfærdsdirektører som omfatter ældre-, social-, beskæftigelse-, børn-, kultur- og uddannelsesområdet. Andre steder er der fagdirektører med ansvaret for mere afgrænsede fagområder. Hver organisering har forskellige fordele, ulemper og motiver. Det ønsker jeg ikke gøre mig til dommer overfor fordi der i hver kommune er lokale hensyn og bevægggrunde.

I forhold til topledelsens involvering i udviklingen af dagtilbudsområdet mener jeg, at det kan være relevant med indblik i data i tilknytning til den pædagogiske kvalitet samt data i tilknytning til den pædagogiske kapacitet. Eksempelvis vil det være relevant for mange skolechefer samt børn- og ungedirektører kontinuerligt at følge andelen af undervisningstimer og forberedelsestimer (individuelle/fælles) for lærerne på folkeskoleområdet. Dels fordi det kan have politisk og offentlig bevågenhed. Dels fordi det kan give en indikation på "produktiviteten" og kan sammenholdes med øvrige data som trivsel, karakter, uddannelsesfrekvens og så videre. Tilsvarende må det efter min opfattelse betragtes som relevante ledelsesdata på dagtilbudsområdet at følge udviklingen i den samlede personalekapacitet i sammenhæng med børnetimer, forberedelsestid og øvrig tid.

Ledelsen skal stille krav

I en almindelige ledelsesforståelse, så har hvert ledelsesniveau forskellige roller og ansvarsområder. Hvert ledelsesniveau har et ansvar for at "sætte holdet" og stille nogle forventninger til næste niveau (ledelsesniveau/medarbejderniveau). Det vil efter min mening samtidig være relevant, at der i sammenhæng med tydelige ledelsesforventninger også er indblik til at give sparring på handlemuligheder. Det er potentielt nytteløst at stille nogle krav om eksempelvis bedre sproglig udvikling af børnene i dagtilbuddene uden at kunne indgå i en ledelsesmæssig og faglig dialog om handlemuligheder, som kan sandsynliggøre bedre resultater. Eksempelvis ved at topledelsen i forvaltningen på et kvalificeret grundlag kan forholde sig til anvendelsen af de eksisterende personalemæssige kompetencer og kapacitet indenfor dagtilbudsområdet.

Begrænset faglige data på dagtilbudsområdet

Jeg har en oplevelse af, at der fortsat er begrænset fagligt meningsfulde data på dagtilbudsområdet. Der kan eksempelvis være sprogtest og tilsynsrapporter. Derudover kan der muligvis anvendes data fra PPR om antal sager og antal udredninger. Der kan eventuelt også indhentes forældretilfredsundersøgelser og lignende. Som ledelsesinformation er der også sygefravær, personaleomsætning, medarbejdertilfredsundersøgelser med videre.

Der kan i almindelighed være en anerkendelse af, at det er hensigtsmæssigt med systematisk brug af data som almindelig hverdagspraksis. Ledelsen er rollemodeller i anvendelse af data på en meningsfyldt måde. Det forudsætter en lokal datainformation som kan anvendes i driften for bedre resultater. Faglige ledere og fagprofessionelle skal bruge kvalitative og kvantitative data til at indfri de politiske mål. I folkeskolen handler det som tidligere nævnt eksempelvis om elevernes individuelle læring og i dagtilbuddet kan det handle om sproglig udvikling (Ledelseskommissionens rapport).

Det er min erfaring, at det er vanskeligt på en kvantificerbar måde i større omfang at anvende pædagogiske data til kvalitetsudviklingen af det enkelte dagtilbud. På folkeskoleområdet kan ledelse og medarbejdere, med en faglig anvendelse af data fra nationale test og karakter, potentielt udpege nogle faglige indsats- og forbedringsområder. Eksempelvis matematik i mellemtrinet eller læsning i udskolingen på baggrund af testresultater. På dagtilbudsområdet er den faglige data på nuværende tidspunkt eksmepelvis begrænset til den sproglige udvikling af børnene ved anvendelse af blandt andet Sprogtrappen.

Denne begrænsning i faglig anvendelse af data på dagtilbudsområdet kan stille nogle udvidede ledelsesmæssige krav til både topledelsen og den daglige faglige ledelse til at rammesætte og følge op på kvaliteten af den pædagogiske praksis. Dels en ledelsesmæssig opgave med at anvende eksisterende data på eksempelvis sproglig udvikling. Dels en ledelsesmæssig opgave med at skabe en organisationskultur, hvor det er legitimt og respekteret, at kolleger, konsulenter, ledelse og øvrige forholder sig til kvaliteten af den enkelte medarbejders pædagogiske og faglige dømmekraft og handling.

Med udgangspunkt i, at der er begrænset faglige data tilgængeligt på dagtilbudsområdet, så er det en særlig ledelsesopgave at rammesætte medarbejdernes kompetencer og kvaliteten af den pædagogiske praksis. Samtidig er der anledning til at videreudvikle på de data, som kan understøtte en god anvendelse af den pædagogiske kapacitet.

"Efterspørgselsorienteret" forvaltning

I en aktuel udgave af New Public Management (NPM) med et udvidet decentralt ledelsesmæssigt og fagligt råderum i den enkelte daginstitution, så er der brug for at skabe en meningsfyldt ledelsesrelation mellem de fagprofessionelle og forvaltningscheferne. En erkendelse af, at driftsledelse omfatter evnen til at drive institutionen med udgangspunkt i grundlæggende faglighed og med det formål at skabe resultater for borgeren. Derfor må der på tværs af ledelsesniveauerne være et kendskab, nysgerrighed og samspil mellem hinandens fagligheder og rolle. Både organisatorisk opad og nedad. Dagtilbudsledelsen skal give samspil ved at lede opad – og tilsvarende må forvaltningsledelsen forstå og have kendskab til driften. Hvis der er forskel på de resultater, der bliver leveret fra den ene daginstitution til den andet i en kommune, så er det ikke kun et anliggende for den enkelte institutionsleder. Det er også et anliggende for forvaltningsledelsen at sikre, at der skabes forbedringer. Det forudsætter forståelse for dualiteten i "djøficeret styring" og professionsfaglig ledelse (Ledelseskommissionens rapport).

Frisættelse med decentralt handlerum

Der er i den aktuelle offentlig opinion en politisk ambition om et velfærdstilbud som er mere differentieret og decentralt forankret. Eksempelvis fremgår det af Regeringsgrundlaget fra 2022, at *"Regeringen vil gennemføre den mest omfattende frisættelse af den offentlige sektor i velfærdssamfundets historie og grundlæggende forandre den måde, velfærden i dag styres, dokumenteres, kontrolleres og leveres på"* (Regeringsgrundlaget 2022).

I denne optik er det min klare anbefaling, at det skal medføre en transformation af rolle og opgave på forvaltningsniveau. Forvaltningen har en fortsat essentiel rolle og opgave i bindeleddet mellem det politiske niveau og den daglige drift. Det vil efter min opfattelse være vanskeligt med en demokratisk politisk ledelse uden en forvaltningsmæssig understøttelse - og tilsvarende en daglig borgernær drift uden en forvaltningsmæssig understøttelse. Til gengæld mener jeg, at en fremadrettet understøttelse af den daglige drift med et øget fagligt handlerum nødvendigvis vil stille nogle krav til større agilitet og differentiering af den forvaltningsmæssige understøttelse. Hvis der eksempelvis stilles nogle tydelig politiske og/eller ledelsesmæssige målsætninger til kvaliteten i det kommunale dagtilbud, så kan handlemulighederne i de enkelte dagtilbud være forskellige. I dialogen mellem daglig ledelse, personale og forældrebestyrelse kan prioriteringerne i de enkelte dagtilbud have meget forskellige karakter og udtryk. Den forvaltningsmæssige understøttelse er således ikke realiseringen af et pædagogisk koncept besluttet af et fagudvalg eller topledelse. Den forvaltningsmæssige understøttelse kan blandt andet være faglig sparring, ledelsesmæssig supervision, konkrete børnerelaterede aktiviteter, kompetenceudviklingsprogrammer, koordinering af interne og eksterne samarbejdsfora, ressourceallokering, forventninger til ledelsesopfølgning i de enkelte børnehuse og så videre med henblik på at realisere de mange forskellige lokale prioriteringer med henblik på at indfri den overordnede målsætning.

Lad tusind blomster blomstre

En frisættelse med øget decentralt handlerum kan helt praktisk betyde, at såfremt der er en politisk/ledelsesmæssige målsætning om øget forældretilfreds samt forbedring af børnenes sproglige udvikling i de kommunale dagtilbud, så kan det i en kommune med eksempelvis en dagpleje samt 30 forskellige børnehuse potentielt betyde en mangfoldighed af 30 forskellige lokale faglige prioriteringer i børnehusene og dertil variationen i de enkelte dagplejer. Det kan være særlig vægt på læsning, leg, teknologi, spisesituationer, morgentid, sang, nyhedsbreve, forældresammenkomster, udeaktiviteter, samarbejde med lokale folkeskole og så videre og så videre. Det betyder, at de faglige kompetencer og kapaciteter som er til rådighed i forvaltningen skal tilpasse deres aktiviteter til de lokale prioriter. Både målrettet børn, personale, ledelse og forældre. Med klichéen "kunden har altid ret", så kan det erfaringsmæssigt omfatte nogle faglige dilemmaer, hvor forvaltningsmæssige fagprofessionelle blandt andet kan opleve manglende logik i tværgående organisatoriske indsatser samt diskrepans mellem pædagogiske faglige og forskningsmæssige anbefalinger og lokale prioriteringer.

Ny doktrin

Jeg tænker, at der kan være en opfattelse af, at den kommunale forvaltning i klassisk forstand har været mere "udbudsorienteret". Eksempelvis hvis der har været en forvaltningsmæssig anbefaling eller politisk ønske om et bestemt pædagogisk koncept, en prioritering af særlige aktiviteter, anvendelsen af en bestemt pædagogisk metode og så videre. Der vil sandsynligvis være varierende erfaringer med den reelle realisering i hverdagen for børnene på tværs af alle de kommunale dagtilbud ved sådanne "udbudsorienterede" doktriner.

Med udgangspunkt i at en fagligt dygtig og ansvarlig ledelse har betydning for personale og børn, så er tyngden i en øget decentral frisættelse et endnu større ledelsesmæssigt ansvar. Både fra topledelsen og igennem hele ledelseskæden til daglig ledelse – og med bedre driftsmæssig indsigt og forståelse fra topledelsen med henblik på, at forvaltningen kan understøtte de lokale behov og prioriteringer. Udover et større ledelsespres decentralt med frisættelse og et øget decentralt handlerum, så er det min vurdering, at der vil være behov for et forholdsvist stort ledelsespres "på rådhuset" med henblik på transformationen af en "udbudsorienteret" forvaltning til en "efterspørgselsorienteret" forvaltning som både kan stille krav og give handlemuligheder.

Kapitel 7 – data og planlægning

Styringen af dagtilbudsområdet

Styringen af det samlede dagtilbudsområde starter med Pladsanvisningen. Forældrene indskriver deres børn til dagtilbud ved den kommunale pladsanvisning. Sammenholdt med befolkningsprognoser kan Pladsanvisningen understøtte en planlægning af de enkelte institutioners tilrettelæggelse af personaletimer, således der er nogenlunde ens normering henover hele året – og der ikke er "stop and go" i personaleansættelser og -afskedigelser.

Oftest reguleres økonomien i den enkelte daginstitution månedsvis på baggrund af det faktiske børnetal. Det betyder, at der er behov for en tæt styring for at skabe en stabil drift i hverdagen for både personale og børn. Herunder tæt økonomiopfølgning hvor der måneds- eller kvartalsvis er en økonomisk ledelsesunderstøttelse til dagtilbudsledelsen ved at

- sammenholde de faktiske lønudgifter fra lønsystemet med de budgetterede lønudgifter i økonomisystemet
- placere de rette budgetbeløb på de rette konti på baggrund af de ledelsesmæssige dispositioner
- være proaktiv omkring tilpasning i budgettet i forhold til forventede børn de næstkommende måneder og år
- kunne sikre sparring i forhold til ledernes økonomiske investeringer (IT, inventar, pædagogisk læringsmateriale mv.)
- indarbejde forventede fremskrivninger/reduktioner/refusioner mm.

I den forbindelse mener jeg, at det er en fordel om der eksisterer kapacitet og kompetence i fagforvaltningen eller stabsfunktionerne, som kan være til rådighed for dagtilbudsledelsen. Det er uhensigtsmæssigt, såfremt forvaltningen ikke har kompetence og kapacitet til både at understøtte økonomistyringen og samtidig have indsigt i en faglig planlægning af arbejdsplaner. Der kan udmærket være et udvidet decentralt fagligt og ledelsesmæssigt råderum i den enkelte daginstitution i samspil med en "efterspørgselsorienteret" understøttelse ved forvaltningen.

Jeg har en bekymring for, at frisættelse af kommunale velfærdstilbud og et øget decentralt handlerum potentielt kan risikere at medføre en forvaltningsmæssig distancering i understøttelsen af den faglige ledelse. Jeg argumenter for, at kompetent faglig ledelse danner et stærkt grundlag for kvaliteten i de velfærdstilbud borgerne oplever. På dagtilbudsområdet vil det være relevant, at den faglige ledelse blandt meget andet er synlig for forældrene og personale, har faglige og ledelsesmæssige forventninger til personalet, rammesætter tydelige værdier, giver sparring, anvisninger og guider det fagprofessionelle personale til at udøve den professionelle dømmekraft. Jeg mener, at topledelsen og forvaltningsledelsen sammen med personalet i stabsfunktionerne og fagforvaltningerne skal bidrage til, at den faglige ledelse i de lokale dagtilbud frigøres fra skrivebordet med henblik på udøvelse af faglig ledelse. Herunder i både økonomistyringen og den administrative opgave med betaling af faktura, bogføring, koordinere samarbejds- og forældremøder og så videre.

"Styr på butikken"

Indenfor den almindelige ledelsesrolle- og ansvarsfordeling, så har hvert ledelsesniveau et budget- og personaleansvar. Det er ikke intentionen i denne bog at udfordre ansvarsfordelingen. Det er min erfaring, at et direkte ledelsesansvar er velfungerende for både budget og personale. Det giver erfaringsmæssigt en personalemæssig responsivitet med en tydelig ledelsesmæssig rolle- og ansvarsfordeling med gennemsigtige belønnings- og sanktionsmuligheder. Budgetoverholdelse er således også del af den faglige leders ansvarsopgave. Til gengæld mener jeg, at der er grundlag for et stærkt samspil mellem den pædagogfaglige ledelse og eksempelvis den kommunale økonomistab med økonomikonsulenter med kompetence på netop økonomistyring.

Økonomistyring er væsentlig for enhver organisation. Jeg mener, at når der er "styr på butikken", så er der også bedre præmisser for stabil drift. Herunder stabile personaleforhold til gavn for både børn og forældre i hver enkelt dagtilbud. Når der er underskud, så skal der som oftest personaletilpasses med dertilhørende negative konsekvenser for "produktionen", som i dagtilbuddet naturligvis er den pædagogiske praksis i børnenes hverdag.

Selvom der er klarhed over ansvarsfordelingen, så vil jeg gerne stille det spørgsmål, om såkaldte "djøf-kompetencer" med fordel kan supplere de pædagogfaglige kompetencer, så der skabes bedre rammer for faglig udvikling og pædagogiske perspektiver.

Økonomistabsfunktioner kan nogle steder i praksis fungere som revisionskontorer. Der indsamles decentrale budget- og regnskabsoplysninger som akkumuleres til samlede kommunale styringsdata. Det er naturligvis umiddelbart logisk og fornuftigt. Samtidig mener jeg, at det bør overvejes om økonomikonsulenterne kan påtage sig opgaven som ledelsesmæssig støttefunktion med praktisk økonomistyring for den decentrale faglige ledelse. Selvom det potentielt kan udfordre den politiske helt relevante opmærksomhed på benchmarking konkurrence om færrest mulige administrationsudgifter på tværs af kommunerne, så har jeg den påstand, at en revurdering af opgavefordelingen mellem stab og drift eventuelt kan booste velfærdstilbuddene. Eksempelvis at den frisatte decentrale dagtilbudsleder kan påtage sig det faglige ledelsesansvar for den pædagogiske praksis og kvalitet i hverdagen ved at flytte sig fra skrivebordet, og i stedet kan observere og intervenere i den pædagogiske praksis i hverdagene.

Det betyder eksempelvis, at økonomikonsulenterne gør det enkelt og nemt samtidig at varetage det økonomiske ledelsesansvar ved blandt andet at sammenholde de faktiske lønudgifter med forventede lønudgifter, have en budgetopdatering på baggrund af ledelsesmæssige dispositioner, koble faktiske børnetal med børneprognoser og indskrivninger, sparre på fremtidige økonomiske prioriteringer, indarbejde budgettilpasninger med mere.

En praksisnær "djøf-styring" som understøttelse af en pædagogisk faglige ledelse kan organiseres og udformes på mange forskellige måder. Det kan eksempelvis være månedlig eller kvartalsvis besøg af økonomikonsulent til hver enkelt dagtilbudsleder med gennemgang og dialog af budgettet. Ikke en revisionsgennemgang, hvor den pædagogiske leder fremlægger budget og dokumentation. Det kan med fordel være økonomikonsulenten som medbringer en personaleoversigt sammenholdt med budgetterede og faktiske lønudgifter, forslag til indarbejdelse af budgetændringer (fremskrivninger, refusioner og lignende), afledte omkostninger ved eventuel personaletilpasning, udviklingen i vikaromkostninger, data på børnetal og afledte forventede ressourcetildelinger og så videre. I den tilknyttede dialog mellem pædagogfaglig ledelse og økonomikonsulent træffer lederen de relevante ledelsesdispositioner. Jeg mener, at det giver grundlag for "styr på butikken" for både decentral ledelse og personale – og ikke mindst for den samlede kommunale økonomistyring på tværs af hele dagtilbudsområdet. Eksempelvis vil der proaktivt være mulighed for tilbageløb til forvaltningsledelsen, hvis der lokalt er tegn på begyndende budgetoverskridelse samt utilstrækkelige lokale ledelsesmæssige opfølgninger.

Uanset om det er topledelse eller decentral driftsledelse, så er det min opfattelse, at det er væsentligt med ledelsesmæssige informationer som grundlag for ledelsesmæssige dispositioner. Derfor er det også væsentligt at den pædagogfaglige dagtilbudsleder har adgang til "djøf-understøttelse" i økonomistyringen med aktuelle og forventede rammevilkår – og at kunne koble nuværende og forventede rammevilkår med anvendelsen og tilpasning af personaleressourcer med henblik på udfoldelsen af den pædagogiske praksis til gavn for børnene.

Grundlæggende ledelsesdata

Med henblik på bedst muligt at tilrettelægge hverdagen i dagtilbuddet, så er det min anbefaling, at der er en systematisk anvendelse af data. Det er ganske vist banalt, men alligevel er det relevant at komme omkring disse forhold.

Det drejer sig om data på, hvornår børnene er tilstede. Udover at kende institutionens åbningstider, så er der relevant med såkaldte "komme-gå" registreringer af børnene. Dels er der altid klarhed over, hvilke børn som aktuelt er tilstede i institutionen. Dels giver det grundlæggende data om, hvornår der er flest børn tilstede henover dagen, ugen og året, således der kan tages højde herfor i arbejdsplanen.

Derudover er der behov for viden om, hvor mange personaletimer som er til rådighed i institutionen. Altså hvor mange medarbejdere som er ansat. Herunder fuldtids- og deltidsbeskæftigede, reduceret arbejdstimer på grund af seniorordninger, overenskomstmæssige timereduktioner for eksempelvis tillidsrepræsentanter og så videre.

Professionel planlægning

På dagtilbudsområdet vil det efter min opfattelse være relevant med en digital planlægning af medarbejdernes arbejdstid, som giver overblik på personales arbejdstid, ferie, fravær og planlagte aktiviteter.

Såfremt man ønsker at optimere aktivitetstiden mellem fagprofessionelle og børnene i dagtilbuddet, så skal der videreudvikles på ressourcestyringen – altså den fagprofessionelle kapacitet.

Der kan skabes ledelsesmæssige rammer for, at der er voksentid til børnene. Det er naturligvis den fagprofessionelle som udfylder kvaliteten i tiden sammen med børnene.

- Hvor mange timer har institutionen åben henover året?
- Hvornår på året, på ugen og på dagen er der flest børn?
- Hvilke overordnede faglige og pædagogiske aktiviteter er der planlagt?
- Hvor mange personaletimer er til rådighed? Her skal der tages højde for deltids- og fuldtidsbeskæftigede, TR timer, forberedelse, seniorordninger, ferie/fri, uddannelse og så videre).

På baggrund af ovenstående kan der udarbejdes en arbejdsplan for en uge, en måned, et kvartal og et helt år. Der vil naturligvis være ændringer på grund af personaleomsætning, sygdom, uforudsete hensyn og så videre.

Såfremt der anvendes en årsnorm i tilrettelæggelsen af den pædagogiske hverdag, så er der efter min vurdering bedre muligheder for indenfor budgetrammen at tilrettelægge en nogenlunde stabil arbejdsplanlægning.

Som udgangspunkt stiller den nationale overenskomst på dagtilbudsområdet krav om 4 ugers normer. Der er imidlertid mulighed for lokale aftaler om årsnorm, således den samlede aktivitet kan afholdes indenfor en årsperiode. Det giver både ledelse og medarbejdere væsentlig større fleksibilitet og mulighed for pædagogiske prioriterede aktiviteter.

Arbejdstiden som ressource

Med en god styring af arbejdstiden som grundlag for den pædagogiske tilrettelæggelse af hverdagen begrænses risikoen for over- eller undertid for medarbejderne. En digital planlægning vil samtidig give både ledelse og medarbejdere adgang til arbejdsplaner.

I en digital planlægning af den samlede årlige arbejdstid er der mulighed for, at oprette særlige puljetimer til uforudsete opgaver, særligt prioriterede opgaver eller lignende. Puljetimer og timer til prioriterede opgaver kan enten administreres alene af ledelsen eller de enkelte medarbejdere kan selv få adgang til at administrere sådanne afgrænsede timer. Der er naturligvis både fordele og ulemper ved puljetimer og erfaringsmæssigt anvendes dette forskelligt i de enkelte børnehuse. Jeg har derfor ikke anbefalinger om brug eller ikke brug af puljetimer, prioriterede timer eller lignende.

Når der arbejdes med eksempelvis en årsnorm, så er det afgørende, at der er ledelsesmæssig opfølgning på medarbejdernes arbejdstid. En årsnorm som alternativ til den overenskomstmæssige 4 ugers norm giver både medarbejdere og ledelse en større fleksibilitet. Eksempelvis behøver medarbejderne ikke afvikle alt deres arbejdstid indenfor 4 uger – og med gentagelse hver 4 uge. Der kan være mulighed for blandt andet merarbejde eller fridage hvis der er behov for det – og uden at alle timer skal "gå i nul" indenfor 4 uger. Til gengæld giver det mulighed for at den samlede arbejdstid "går i nul" henover hele året.

Det giver altså mulighed for både øget fleksibilitet og samtidig mere stabilitet fordi tilpasningen kan gennemføres stille og roligt henover året. Til gengæld er der en risiko som skal imødekommes med en kompetent styring af personaleressourcerne. Såfremt medarbejderne i årsnormen har arbejdet mere end den beregnede normtid, så skal der udbetales merarbejde. Såfremt medarbejderne har arbejdet mindre end årsnormen, så skal den manglende arbejdstid enten overflyttes til næste normperiode eller arbejdstiden kan potentielt være tabt.

Oftest er der aftale om, at et minus i arbejdstimer ved normperiodens udløb ikke kan overføres til næste normperiode. Med andre ord har børnene i dagtilbuddet fået mindre pædagogisk tid end planlagt og ressourcetildelt, såfremt der ved årsnormsperiodens udløb er mange pædagogiske arbejdstimer, som ikke er anvendt og de pædagogiske medarbejders såkaldte minustimer annulleres. Denne risiko gælder for så vidt også i en 4 ugers norm. Dog er omfanget af antal pædagogiske timer i 4 uger mindre end antal timer for et helt år og dermed er der også en mindre risiko for tab af mange præsterede pædagogiske arbejdstimer.

Litteratur

Arne Ullum oplæg på Kommunaløkonomisk Forum 2023. Link: https://www.kl.dk/okonomi-og-administration/okonomi-og-styring/kommunaloekonomisk-forum-kof/

Jens Baes-Jørgensen, "Knap 8 ud af 10 forventer velfærd, der bliver meget svær at leve op til". KL Momentum, 10. maj 2022. Link: https://www.kl.dk/nyheder/momentum/2022/2022-8/knap-8-ud-af-10-forventer-velfaerd-der-bliver-meget-svaer-at-leve-op-til/

"Kvalitet i dagtilbud - pointer fra forskning", Danmarks Evalueringsinstitut. Udgivet 2017

"Ledelsesspænd på daginstitutionsområdet", Det Nationale Institut for Kommunernes og Regionernes Analyse og Forskning (KORA), 2015

Leon Lerborg. "Styringspardigmer i den offentlige sektor". 2. udgave. 2011. Jurist- og Økonomiforbundets forlag

Michael Svarre oplæg på Kommunaløkonomisk Forum 2023. Link: https://www.kl.dk/okonomi-og-administration/okonomi-og-styring/kommunaloekonomisk-forum-kof/

Moderniseringsstyrelsen, 20. august 2013, "Beregning af normen og opgørelse af arbejdstid"

Momentum, 02 Januar 2023, 15. årgang

Regeringsgrundlag 2022

"Studieordning for uddannelsen til Professionsbachelor som pædagog", Professionshøjskolen Absalon, 2022

"Sæt borgerne først - Ledelse i den offentlige sector med fokus på udvikling af driften", Ledelseskommissionens rapport. Udgivet 2008, 2. udgave

Torben K. Andersen, "Danmarks største velfærdspanel: Gør forskel på folk". Berlingske Tidende, 3. oktober 2010. Link: https://www.mm.dk/artikel/danmarks-st%C3%B8rste-velf%C3%A6rdspanel-g%C3%B8r-forskel-p%C3%A5-folk

Ulrik Kjær oplæg på Kommunaløkonomisk Forum 2023. Link: https://www.kl.dk/okonomi-og-administration/okonomi-og-styring/kommunaloekonomisk-forum-kof/

WHO, "The First 1000 Days: An Evidence Paper", World Health Organization, 2017